~ * ~

An die Eine,
Süße meine,
hier im Reime,
Liebe keime,
ganz alleine,
nur für Dich.

~ * ~

Christian Emanuel Schurter

Ein Ufo in der Umlaufbahn

Reime mal anders

*Bibliografische Information der
Deutschen Nationalbibliothek:*

*Die Deutsche Nationalbibliothek verzeichnet diese Publikation in der Deutschen Nationalbibliografie; detaillierte bibliografische Daten sind im Internet über
http://dnb.dnb.de abrufbar.*

© 2016 Christian Emanuel Schurter

*Illustration:
Christian Emanuel Schurter*

*Herstellung und Verlag:
BoD – Books on Demand, Norderstedt*

ISBN: 978-3-7412-2563-5

Für meine Familie…
…und für mich, weil ich das schon immer mal machen wollte!

~ * ~

Ein Ufo in der Umlaufbahn,
meldet brav: "Ich bin ganz Zahm,
ich brauche etwas Proviant,
ein Landeplatz wär Elegant,
was kostet es hier Aufzutanken,
mit Reinigung der Bodenplanken?"
"Bleiben sie dort wo sie sind!",
Funks zurück - es folgt geschwind
ein Krisenrat und man beschließt,
dass man das UFO runterschiesst.
Getroffen stürzt es in das Meer,
dicht gefolgt von unserem Heer
und wird geborgen, aufgemacht,
das Alien ist recht aufgebracht,
wünscht verärgert uns die Pest,
Soldat John Doe gibt ihm den Rest.

~ * ~

~ * ~

Schau ich in die Welt hinaus
so seh' ich oft ein Irrenhaus
und wünsch mir dann mit aller Kraft
für alle Irren Einzelhaft.

~ * ~

Vieles wird dir mitgegeben
auf den Weg ins eigene Leben,
Gene, Geist und Nabelschau
bilden den Versuchsaufbau
der sich mit dem Umfeld misst
man dabei nur oft vergisst,
dass Geist vor Gen vor Nabel zählt
man sich sonst ganz klar verwählt.

~ * ~

~ * ~

Der edle Ritter Rauschebart,
liebt seine Frauen groß und zart.
Und viele gingen ein und aus,
jede war ein Augenschmaus.
Wollen wollte er die eine,
die so ist wie sonst so keine,
doch der Drache Courtoisie
raubte ihr die Fantasie
und ohne sie war sie recht blass,
das Werben machte keinen Spaß.

~ * ~

~ * ~

Vernunft ist eine große Gabe,
jeder Mensch sich daran Labe
und sie braucht so oft er kann,
sie ist umsonst für Jedermann

~ * ~

Vom Mensch zum Tier nur in Sekunden
ist die Scham erst überwunden.
Dies ist unser aller Last,
ganz egal ob dies uns passt.

~ * ~

~ * ~

Nach dem Tod dem einen meinen,
ist es aus mit kurzen Reimen,
ist es aus mit Freud und Leid,
ist es aus mit Zweisamkeit,
Auch aus ist es mit planerei,
mit Raum und Zeit und allerlei
was man nur lebendig kann,
ist's vorbei mal irgendwann.
Bis dahin so sag ich mir,
reim ich noch viel mehr Papier,
leide, freu mich wo ich kann,
bring die Zweisamkeit voran,
plane meinen Raum und Zeit,
beschäftige mich schlicht anderweit.

~ * ~

~ * ~
"Überfall" ruft's aus dem Wald,
"ich bin der Räuber Theobald,
gib her was du zu geben hast,
ich hab dich deshalb abgepasst
und tu dies schnell, ich warne dich
sonst werd' ich richtig ärgerlich!"

"Da lach ich nur" ruft's in den Wald,
"nen Räuber mach ich locker kalt
so komm nur her, wenn du dich traust
und spüre meine starke Faust"

"Ganz wie du willst" röhrt es zurück,
"das ist das End von deinem Glück!"
und schon stürmt Räuber Theobald,
mit viel Gebrüll aus seinem Wald,
und nimmt sich voller Meuchellust
den frechen Kerl mal schnell zur Brust.

Was dann geschah, das liegt im Dunkeln
er hat verloren, hört man Munkeln.
~ * ~

~ * ~

Mitten auf der Autobahn
steht ein Rind mit Rinderwahn
und denkt sich noch, was mach ich hier
dies ist so gar nicht mein Revier.

~ * ~

In den Tiefen jedes einen,
versteckt im dunklen Dinge keimen,
die losgelassen Unheil bringen
so muss man diese steht's bezwingen
und dieser Kampf der dauert an,
das ganze gute Leben lang.

~ * ~

~ * ~

Betrachtet man den Augenblick
und tut man dies mit viel Geschick,
so steht die Zeit urplötzlich still,
als ob sie nicht mehr weiter will,
als hätte es sie nie gegeben,
als wär sie dem Verstand verlegen
und inmitten dieses Augenblicks,
inmitten dieses Zaubertricks,
die ganze Schönheit offenbart,
im Zentrum meiner Gegenwart.

~ * ~

Hab ich mich mal nicht beklagt
dann nur weil ich im Koma lag.

~ * ~

~ * ~

"Ursprung" ist ein schönes Wort,
es findet sich die Wurzel dort,
und diese sagt mir wer ich bin
und füllt das Leben mit dem Sinn,
den jeder sucht der Fragen stellt
und so die Antwort gleich erhält.

~ * ~

Hingebungsvoll liegt sie so da,
ich denke nur, wie wunderbar,
doch vor lauter Zuversicht,
beim Sprung ins Bett ein Knochen bricht.

~ * ~

~ * ~

Der Wert des Lebens rechnet sich,
ganz allgemein so unterm Strich,
anhand der Dinge die vollbracht,
und nicht an dem was man gedacht
oder gar gedenkt zu machen,
nein das sind nicht diese Sachen,
die sich rechnen unterm Strich,
nein das tun sie wirklich nicht.

~ * ~

Dir Montag schreib ich ein Gedicht
und sag dir gleich mal ins Gesicht,
zum Teufel auch, ich mag dich nicht.

~ * ~

~ * ~

Als ich mal im Sterben lag,
plagte mich die eine Frag,
hab ich alles so vollbracht,
wie ich's mit mir abgemacht,
und genau an diesem Punkt,
es heftig ins Bewusstsein funkt:
"Es ist noch so viel unerledigt";
höre ich und es weiter predigt;
"sterben kannst du später noch,
jetzt ist zu früh fürs tiefe Loch,
Erst wenn alles dies bereinigt ist,
kommt das End von deiner Frist,
so Lebe jetzt und bring zu End,
das Sterben wurde abgelehnt."
Nun ist es so, ich bin nicht dumm,
mach keinen müden Finger krumm,
so schiebe ich, danach ist's aus,
all das so weit wie möglich raus.

~ * ~

~ * ~

Ich verzeih ihm nie,
dachte sie,
doch dann war's da,
wie wunderbar!

~ * ~

Hingebungsvoll liegt sie so da,
ich denke nur, wie wunderbar,
welch großes Glück mir widerfährt,
doch im Magen spannt's und gährt's
und lauter als bei Jericho,
mir daraufhin ein Furz entfloh.

~ * ~

~ * ~

Vor vielen tausend langen Jahren,
als noch Männer Männer waren,
stritt man auf die alte Art,
mit Steinen, Keulen und mit Bart,
und Angefeuert durch die seinen
Schlug man sich mit irgendeinem.
Denk man nun, das war einmal,
das Gestern ist dem Jetzt egal,
irrt man sich ganz fürchterlich,
auch Heut ist noch so liederlich,
nur Heute findet's man okay,
denn heute nennt man's Eishockey

~ * ~

Nur aus lauter Langeweile,
schleicht der Mörder mit dem Beile,
heimlich in die Kirche rein
und hackt den Pfarrer klitzeklein.

~ * ~

~ * ~

Es kommt vielleicht einmal der Tag
an dem man nicht mehr Leben mag,
das Erbe ist fair aufgeteilt,
ein Rest der Kirche auch noch bleibt,
die Zeitung, die ist abbestellt,
der Hund im Tierheim weiter bellt,
der Kühlschrank, der ist leergeräumt
und alle Träume ausgeträumt.
Mit sich im Reinen wartet man,
geduldig auf den Sensenmann
doch dann geschieht ein Missgeschick,
fällt doch mit einem Aug der Blick
auf eine dicke Überschrift
die das TV Menü betrifft
welch kündet lauthals etwas an;
die neue Serie im Programm.
Die möchte ich sehn, so denk man sich,
wenn möglich gar all abendlich,
nur leider zieht der blöde Strick
nun viel zu straff am dem Genick.

~ * ~

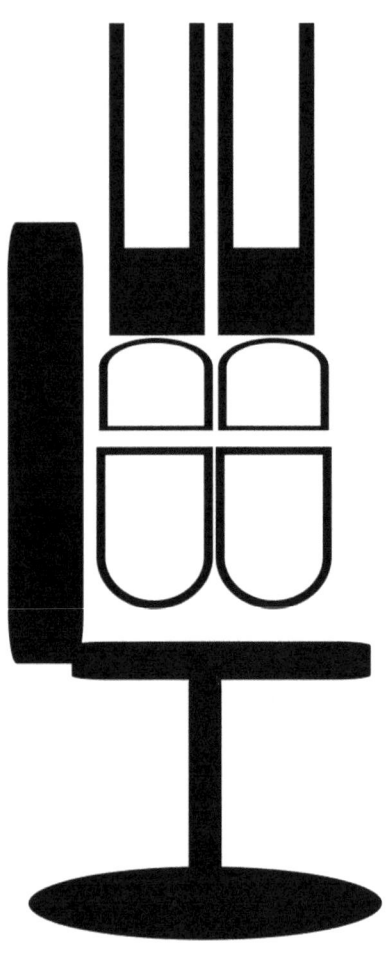

~ * ~

Glaube du doch was du willst,
denn wie du seine Seele stillst,
ist mir persönlich ganz egal
und außerdem auch zu banal.

~ * ~

Besoffen hab ich randaliert,
viel öffentliches demoliert
und mit den Bullen debattiert,
dabei ihr Auto deformiert.
Sogleich wurd' ich elektrisiert
und motiviert auch einkassiert,
dass wär mir alles nicht passiert,
hätt ich mich selbst nicht ignoriert.

~ * ~

~ * ~

Guter Rat ist oftmals teuer,
manche zahlen Tempelsteuer,
viele kaufen Bücher ein,
andere trinken zu viel Wein
oder geben einfach auf
und erwarten den Verlauf.
Hört man aber in sich rein,
kommt die Antwort ganz allein,
traue dich, du wirst schon sehn
und die Antwort auch versteh'n.

~ * ~

Braucht der Bulle seinen Schocker,
krampft der durchtrainierte Rocker.

~ * ~

~ * ~

Man nimmt die Stufen Stück für Stück,
sieht hin und wieder kurz zurück,
erkennt den Anfang nicht mehr klar,
schaut vorwärts und sieht nur Granular
so möchte man gern stehen bleiben,
und sich die müden Augen reiben.
Doch jeder weiß, dass das nicht geht,
die nächste Stufe kommt und übersteht
man diese folgt sogleich
die nächste Hürde zum Vergleich.

~ * ~

Da standen sie, die Diktatoren,
wirkten irgendwie verloren,
zwischen all den Demokraten,
die dort ihr Volk vertraten.

~ * ~

~ * ~

Geboren, gekrochen,
gelaufen, gesprochen,
geschult, entsprochen,
gebaut, besprochen,
geliebt, zerbrochen,
zu Tode gesoffen

~ * ~

Zwischen Zeug und Ramsch versteckt
hab ich einen Schatz entdeckt,
genommen und nach Haus gebracht,
ihm gleich auch einen Platz gemacht,
präsentiert er sich von nun an dort,
an diesem einen eigenen Ort.

~ * ~

~ * ~

Hab viel Geld und mach noch mehr,
hab ein Haus mit Strand am Meer,
hab ein Boot gleich vor der Tür,
hab für Handel ein Gespür,
hab Gold und Platin an mir hängen,
hab gute Freunde gleich in Mengen,
hab alles was das Herz begehrt,
hab nichts das wär komplett verkehrt.
Ich lebe nur noch hier und jetzt,
mit Arbeit hab ich ausgesetzt,
genieße dies so lang ich kann,
zu End ist's eh mal irgendwann.
Ja so kann's gehen, so wie mir,
aber nimm doch dies als Souvenir,
von dieser kurzer Reise mit,
nur dein Kopf stellt das Limit.

~ * ~

~ * ~

Eingeschlafen ist mein Bein,
lässt mich mit mir mal schnell allein,
ich hingegen hau nun drauf
und weck mein Bein gleich wieder auf.

~ * ~

Spieglein, Spieglein an der Wand,
hab ich mein Leben in der Hand,
bin ich es der die Regeln macht,
bin ich es der am Ende lacht?

~ * ~

~ * ~
Unausgeschlafen in den Morgen,
vollgepackt mit vielen Sorgen,
losgelassen auf den Tag,
die Zunge findet Zahnbelag,
das Hemd ziert neu ein Kaffeefleck,
am Absatz klebt noch Hundedreck,
mein Zug der fährt heute ohne mich,
so werd' ich langsam ärgerlich,
ich stehe hier allein am Gleis,
und rieche diesen Hundescheiss.
Ich komm zu spät zu dem Termin,
beim Handy ist der Akku hin,
und tu mir nun schon selber Leid,
in mir wächst eine Bitterkeit,
die sich auf den Magen schlägt
und da dieser Bitter nicht erträgt
wär ich somit gut beraten,
könnt ich das nächste Klo erraten.
Auf dem Klo dem Öffentlichen,
hab ich viel Papier verstrichen,
und lese an der Wand geschrieben:
"Macht dir nichts draus, so ist das Leben."
~ * ~

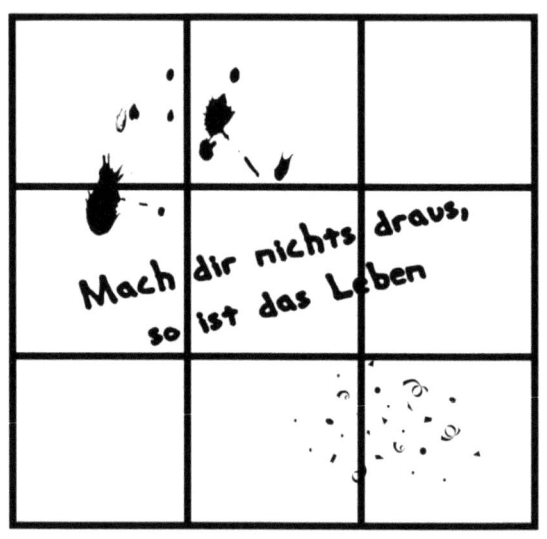

~ * ~

Hingebungsvoll liegt sie so da,
ich denke nur, wie wunderbar,
wär eben nicht ihr Mann gekommen
hätt ich sie sehr gern genommen.

~ * ~

Liebe lebe überschwänglich,
denke handle augenblicklich
suche finde jederzeit,
prüfe die Begebenheit,
entscheide wenn es nötig ist
und sei im Leben Realist.

~ * ~

~ * ~

Gestern war ich noch so weit,
ich war zum Handeln klar bereit
und wusste dass ich's Morgen mache,
heut denk ich nur, dass ich nicht lache.

~ * ~

Der rote Knopf wurd' installiert,
ein Druck und alles hier krepiert,
doch sich die Putze nicht geniert,
den Knopf auf Hochglanz blank poliert.
Leider hat sie nicht Studiert,
die Bomben werden adressiert,
die Feinde werden alarmiert,
der Gegner wird gleich anvisiert,
die Menschheit wird nun Ausradiert.

~ * ~

~ * ~

Ich bin von hier nach da gegangen,
hab mich hi und da verfangen,
kam von dort nach hier zurück,
fand mich hier an einem Stück,
bleibe hier und auch mal dort
oder an einem anderen Ort,
solang ich weiß, warum ich bin
mach das Ganze durchaus Sinn.

~ * ~

Der Diktator ist Heut hoch zufrieden,
sein Volk scheint ihn konstant zu Lieben,
und sollte dies mal anders sein,
setzt er einfach Folter ein.

~ * ~

~ * ~

Früher war wohl alles besser,
Umwelt, Kindheit, selbst die Messer
posaunt der Opa laut beim Essen
nur hat der Alte schlicht vergessen,
dass das Heut auf früher baut,
und er sich vor sich selber graut.

~ * ~

Von früh bis spät, tagein tagaus,
läuft es auf dasselbe raus,
wir fallen hin und stehen auf,
und irgendwann, da gehn' wir drauf.
Warum nur tun wir uns das an?
Weil der Mensch nicht anders kann.

~ * ~

~ * ~

Der Teufel auf dem Schulterblatt
ruft in dir den Nimmersatt,
doch rat ich dir, hör bloß nicht hin,
er treibt dich gar noch sonst wohin
verleitet dich mit süßem Klang,
zum hemmungslosen Seelenfang.
Die Taten sind, wie oft gesehen,
im Nachhinein, nicht zu verstehen,
es bleibt nur Leid, nur Hass und Wut,
und erbärmliches Gedankengut.

~ * ~

~ * ~

Man lebt nur einmal, dachte er
und holte sich schnell ein Sixpack her,
dazu noch Chips und Salzgebäck,
ein paar Nüsschen und oh Schreck,
zum Dessert etwas Süßes noch
und damit dann aufs Sofa kroch,
den Bauchspeck wohlig ignoriert
es ihn nach Anspruchslosem giert,
so schaltet er di Glotze ein
und sieht als erstes voller Pein,
ein schwarzes Kind, dünn abgemagert,
der Sprecher was von Hunger labert,
von Hilfe und von Spendensammeln,
verdirbt es ihm das Sofagammeln
doch nur für einen Augenblick
denn für sowas kennt er einen Trick,
der mit viel Aufwand antrainiert,
das gesehene schlicht ignoriert
und weiter geht's mit dem Gelage,
Entschuldigung, wie war die Frage?

~ * ~

~ * ~

Jeden Tag das gleiche Spiel,
früh aufgestanden, ab zum Ziel,
ach wär ich doch nur auf dem Nil
mit Krokodilen unterm Kiel.

~ * ~

Zufriedenheit, du kostbar Gut,
du allerhöchstes Attribut,
verlass mich nie, bleib immer hier
ich fühl mich Himmelnah mit dir.

~ * ~

~ * ~

Ich wär so gerne anderswo,
ich glaube fest, dort wär ich froh,
nur leider bin ich hier gebunden,
verplant für noch so viele Stunden.
Mein Leben gegen Geld getauscht,
die Zeit an mir vorüber rauscht
und schau ich irgendwann zurück,
denk ich wohl, war ich verrückt?

~ * ~

Es war das Lied im Radio,
es machte mich urplötzlich froh.

~ * ~

~ * ~

Gelitten hat er fürchterlich,
für seinen Glauben sicherlich
und erntete nur Spott und Hohn
vom Patriarch - den Tod als Lohn.
Nach amtlicher Bestätigung,
fürs Grab, mit Stein als Abdichtung,
ward er abgeschoben in die Gruft,
ganz ohne frische Außen Luft.
Doch der berühmte Prediger,
besiegt den Tod, Allmächtiger!
Und macht sich nach dem Lebensraub,
ganz still und heimlich aus dem Staub
und ward danach nie mehr geseh'n,
das soll Heut mal einer noch versteh'n

~ * ~

~ * ~

Im inneren der Menschmaschine
läuft sie an die Ur-Routine,
stellt her mit großer Fertigkeit,
biologische Behaglichkeit.
So bringt der Frühling am Zenit,
so manch beliebte Droge mit,
verführt zur leichten Euphorie,
und füllt auch noch die Batterie.
Dem Lenz als Spender dieser Kraft,
als Bringer neuen Lebenssafts,
dank ich für das Dopamin,
nun paar ich mich mit An-Katrin.

~ * ~

~ * ~

Nadeln durch die Haut gebohrt,
bereit für schnellen Abtransport,
hinunter in den Schneideraum,
zuerst noch in den Abstellraum,
danach das Kindlein freigemacht,
es in der neuen Welt erwacht,
und nun verlangt zum ersten Mal,
nach einem warmen Abendmahl.
Die Mutter, wieder zugemacht,
ist stolz auf das was sie vollbracht.
Der Vater, nur so nebenbei,
ist wirklich froh, es ist vorbei.

~ * ~

~ * ~

An diesem einen großen Tag,
als mir der Sieg zu Füssen lag
und ich auf ihn herunter sah,
gar wunderliches mir geschah;
Freud' und Stolz, die kamen nicht,
bestellten meinem Angesicht,
nur kurz und knapp ein "ganz ok",
wie tat mir das im Herzen weh.

~ * ~

Hingebungsvoll liegt sie so da,
ich denke nur, wie wunderbar,
jetzt krieg ich etwas beigebracht,
nur leider bin ich aufgewacht.

~ * ~

~ * ~

Hast du es erst einmal durchschaut,
und immer wieder durchgekaut,
der Glauben einem Wissen weicht,
so einfach, doch nicht oft erreicht
und jetzt auf einer Schwelle stehst,
fragst dich wie es weiter geht,
soll man nun nach dem Wissen leben
oder sich weiter einem Traum hingeben?

~ * ~

Von weg von zu hinzu zu kommen
wird nur zu gerne übernommen,
wenn man vorher nur noch wüsste,
was man alles dazu müsste.

~ * ~

~ * ~

Wer nicht Fragt was er nicht weiß,
gewinnt wohl kaum den Ehrenpreis,
der bezeugt das große Wissen,
dass die Menschheit nicht mag missen.
Doch bevor du Fragst bedenke erst,
welch andere Frage du zerstörst,
wenn die deine erst gestellt,
und die Antwort niederfällt.

~ * ~

Sollen wir es einmal wagen,
einmal nur die Wahrheit sagen,
wäre das nicht unsere Pflicht,
nur, die Wahrheit gibt es nicht.

~ * ~

Im dunkeln Schloss, im tiefen Wald,
da macht der Graf die Beute kalt
und legt sich dann zur Mittagsruh
in seine Mahagoni-Truh'.
Dort träumt der Graf, wie jedes Mal,
von einem komplett andern Mahl.

~ * ~

In guten wie in schlechten Tagen,
muss man steht's sich selbst ertragen
und ganz egal wie sehr man leidet,
gilt hier erst recht,
bis das der Tod entscheidet.

~ * ~

Bei aller Liebe zum Detail,
für dieses kleine Einzelteil
kann ich den rechten Platz nicht finden,
so lass ich es jetzt schnell verschwinden
und hoffe dass es trotzdem hält,
und nicht gleich auseinander fällt.

~ * ~

~ * ~

Das Ziel vor Augen spurtet man,
so gut wie man nur spurten kann
und hält man durch bis ganz am Schluss
ist man im Ziel, welch Hochgenuss!

~ * ~

Viele denken dies und das
und machen sich die Hosen nass,
sobald man nicht dasselbe denkt
und wird in einen Topf gelenkt
aus dem man sich dann gern bedient
zum Zeigen was sich gar nicht ziemt.

~ * ~

~ * ~

Noch eine Wehe, noch mehr Schmerz,
ein kämpferisches Mutterherz,
geschwängert durch das Welten All
presst und schreit in einem Stall,
ein Kind gebärt in eine Welt,
die vom Leben nicht viel hält.
Und jedes Jahr, schaut man zurück
gedenkt man ihm, dies ganz verzückt
und feiert groß an diesem Tag,
als eine Frau am Boden lag
und zwischen Stroh und Kot gebar,
das Kind - wie seltsam anmutbar.

~ * ~

~ * ~

Die Waffe in die Hand gedrückt,
den Kopf mit einem Helm bestückt,
dem Feind zum Fraße hingebracht
und möglichst viele umgebracht.
Getötet wird anstatt geredet,
dies durch oben abgesegnet,
bringt man gnadenlos den Tod,
der Boden färbt sich Dunkelrot
und nimmt zurück was er gegeben
nimmt zurück das kranke Leben,
dass sich trifft zum Lebensraub,
übrig bleibt nur roter Staub.

~ * ~

~ * ~

Wäre ich ein Geiselnehmer,
wäre ich kein Angenehmer
wär ich selbst in Geiselhaft,
flehte ich wohl dauerhaft.

~ * ~

Hab ich mich mal losgelassen,
kriegt ich mich kaum mehr zu fassen.

~ * ~

~ * ~

Die Augen zu, so lieg ich flach,
die Daunendecke ist mein Dach,
die Müdigkeit lass ich gewinnen,
möchte nur noch Träume spinnen
und löse mich im Geiste los,
der Körper stellt auf Antriebslos.
Ich tauche ein, in eine Welt,
in der ich bin, wies mir gefällt
und fliege, falle, trage aus,
liebe, lebe und lern daraus.
Nach dem Trip, dem inneren,
ist's aus mit dem erinnern,
doch das, dass ist nicht weiter schlimm,
schon morgen tauch ich wieder hin.

~ * ~

~ * ~

Liebst du echt den Nervenkitzel,
den man hat als Oberspitzel,
doch pass nur auf, wirst du entdeckt,
man dich in eine Zelle steckt.

~ * ~

Das ewige Leben
wurde gegeben,
nur ist man verkommen,
wird's wieder genommen.
Man kennt bis Heut nicht einen Mann
der für ewig leben kann.

~ * ~

~ * ~

Hingebungsvoll liegt sie so da,
ich denke nur, wie wunderbar,
hätte ich doch jetzt bloß auch noch Lust
dann gäbe es nun keinen Frust.

~ * ~

~ * ~

Ich weiß, du denkst, ich wüsste nicht,
doch im Stübchen brennt viel Licht,
viel heller noch als vorgestellt,
es mir den eigenen Weg erhellt.
Du hingegen leuchtest kaum,
es reicht grad für den Abstellraum
und seh' ich mich dort drinnen um,
so merk ich gleich, du bist so dumm,
verlass nun besser meinen Raum,
sonst weck ich dich aus deinem Traum.

~ * ~

~ * ~

Zehn Ufos in der Umlaufbahn,
legen schnell die Erde lahm,
"Er wollte doch nur tanken,
dazu noch saubere Planken,
ihr habt ihn einfach umgebracht,
deshalb wird jetzt Schluss gemacht."
"Hab erbarmen, es tut uns leid,
wir schwören feierlich den Eid,
dass sowas nie mehr geschieht
und es Proviant für alle gibt."
Doch die Aliens sind nicht besser,
wetzen fleißig ihre Messer,
möchten Rache für den ihren,
John Doe, der muss krepieren.

~ * ~

~ * ~

An die meinen,
süßen Kleinen,
hier in Reime,
Liebe keime,
ganz alleine,
nur für Euch.

~ * ~

Über den Autor:

Christian Emanuel Schurter, geboren 1972 in Herisau / AR (Schweiz), wurde als sechstes Kind in eine Patchwork-Familie geboren und zog sich schon früh in die Welt der Bücher zurück. Der Mensch an sich und sein oftmals irrationales verhalten fasziniert ihn schon seit Kindesbeinen. Diese Impressionen verarbeitet er in Kurzgeschichten, Leserartikel und Lyrik, immer gerne gewürzt mit einer Prise schwarzem Humor.